랄프 왈도 에머슨의 자기신뢰

스스로를
되돌아보게
하 는
영 원 한
자기 철학서

랄프 왈도 에머슨의 자기신뢰

랄프 왈도 에머슨 지음 | 마도경 편역

일에일북

한 인간으로서의
'자립'은 어떤 모습일까?

랄프 왈도 에머슨은 "우리의 용기가 우리가 섬기는 최고의 신이다."라고 말했다. 그가 말한 삶의 철학은 한 인간으로서의 자립이며 확신이다.

전시회에 가서 화가들의 많은 작품을 보다가 예전에 일축해 버린 자신의 생각이 작품에 깃들어 있다고 느낀 적이 있을 것이다. '아, 나도 전에 저런 생각을 한 적이 있는데…' 하고 말이다.

생각은 했어도 용기와 확신이 없어 자신의 생각을 부끄러워하며 입 밖에 꺼내놓지 못했던 우리와 달리, 그 화가는 자신의 생각을 당당하게 드러내 멋진 작품을 만들어냈다. 이런 경우에 우리는 예전에 자신이 했던 생각을 낯선 타인에게서 듣고 보고 받아들이게 되는 것이다.

에머슨은 자신이 진리라고 여기는 것이 타인에게도 진리로 동일시 여겨지는 것은 쉽지 않지만 자기 내면에 잠재되어 있는 것을 소리 내어 말할 줄 아는 용기가 있어야 한다고 말한다. 그 용기가 바로 자립의 양분이 된다고 하면서.

이 같은 삶의 철학을 갖게 된 것은 성직자로서 살았던 에머슨의 생활에서 비롯되었다. 목사 교육을 받았던 에머슨은 한때 성직자로서의 삶을 살았다. 하지만 1832년, 그는 다양성과 자유를 찬미하며 교회를 떠났고, 각 개인이 자립해 자신만의 생각과 행동으로 자아를 실현해야 한다고 논했다. "자신의 마음의 고결성 외에 궁극적으로 신성한 것은 없다."라고 선언하면서.

에머슨은 이상주의자란 오해를 받기도 했다. 종교를 반박하며 개인의 개성에 관심두기를 끊임없이 주장하자 종교 집단은 이에 반발하며 에머슨을 현실에서 동떨어져 있는 사람으로 지목하기도 했다. 하지만 에머슨의 목소리는 점점 더 뚜렷해졌고, 그의 생각을 지지하는 사람들은 계속 늘어났다.

여전히 에머슨은 "자신 외에는 아무것도 보지 마라."라고 말하면서 인간은 자립할 수 있고 자립해야만 하며, 자기신뢰를 실천하면 새로운 힘이 솟아날 것이라고 주장했다.

이 책을 번역하면서 철학자의 마음을 꿰뚫어보는 게 쉽지 않았다. 나 역시 일반 대중의 한 사람으로서 시대의 흐름에 따라 살아왔기 때문이다. 다른 사람이 어떻게 생각하느냐에 초점을 맞춰 생활한 적이 많았고, 2 더하기 2는 반드시 4라고 생각한 경우가 더 많았다. 지금까지 에머슨의 말대로 공동체 속에 자신을 소속시켜 놓고 살아왔다.

그러나 이 책을 번역하면서 자기신뢰에 대해 깊이 생각해보고, 한 인간으로서의 '자립'이 어떤 모습일지 그려보게 되었다. 그리고 오늘 생각한 것을 오늘 분명하게 표현할 줄 알아야 한다는 문장을 보고 '오늘'에 초점을 맞추는 것에 공감했다.

현대 사회는 관계에서 멀어지면 소외되고 피해를 볼 수 있다는 생각이 만연하다. 이제는 관계를 잘 맺으면서도 '자립'한 한 인간으로서 살아갈 수 있는 '균형'에 대해 생각해봐야 할 시점이 아닌가 싶다. 요즘처럼 얼기설기 얽혀 있는 관계 속에서 에머슨이 말하는 '자립'은, 아마도 자기 자신을 제대로 찾아주는 '구원의 눈'이 되어줄 것이다.

마도경

차 례

1장 • 너를 너의 밖에서 구하지 말라

2장 · 자신만의 독창적인 관점으로 행동하자

3장 · 자신만의 인생을 사는 사람은 강하다

4장 · 우리가 섬기는 최고의 신은 용기다

1장

너를
너의 밖에서
구하지 말라

너를 너의 밖에서
구하지 말라

너를 너의 밖에서 구하지 말라. 인간은 자기 자신의 별이다. 또한 정직하고 완벽한 인간이 될 수 있는 영혼이며, 모든 빛과 영향력과 운명을 통제한다. 인간에게는 일찍 떨어지는 것도 없고, 너무 늦게 떨어지는 것도 없다. 우리의 행동, 우리의 천사 혹은 선과 악은 우리 곁을 조용히 걷는 운명의 그림자다.

애송이를 바위산에 던지자

애송이를 바위산에 던지고, 암컷 늑대의 젖꼭지를 빨게 하라. 매와 여우와 더불어 겨울을 나게 하면, 그 손과 발이 강하고 빨라지리라.

독창적이고 인습에
얽매이지 않아야 한다

나는 며칠 전에 독창적이고 인습에 얽매이지 않는 어느 유명한 화가가 쓴 시를 읽었다. 주제에 상관없이 우리의 영혼은 언제나 이런 시에서 질책의 목소리를 듣는다. 이런 시가 전해주는 감성은 그 안에 담겨 있는 사상보다 더 큰 가치가 있다.

너를 너의 밖에서 구하지 말라. 인간은 자기 자신의 별이다.

또한 정직하고 완벽한 인간이 될 수 있는 영혼이며, 모든 빛과 영향력과 운명을 통제한다.

인간에게는 일찍 떨어지는 것도 없고, 너무 늦게 떨어지는 것도 없다.

일에 온 정성을 쏟고
최선을 다하자

　우리는 자신의 생각을 반밖에 표현하지 못하며, 우리 각자가 표현하는 그 신성한 생각을 부끄러워한다. 그것이 충실하게 전달된다면 균형 잡히고 훌륭한 문제 제기로 생각되기는 하겠지만, 신은 자신의 뜻이 겁쟁이들에 의해 드러나도록 하지 않는다. 인간은 일에 온 정성을 쏟고 최선을 다했을 때 마음이 편해지고 즐거워진다.

　반면에 말과 행동에 그런 정성이 담기지 않으면 마음도 편하지 않다. 이것은 구원이 없는 구원이다. 그런 사람에게는 천재성이 따르지 않으며, 영감을 줄 뮤즈도 곁에 오지 않는다. 그에게는 새로운 것이 나오지 못하며 희망도 없다.

마음속에 있는
신념을 말하라

나 자신의 생각을 믿는 것, 내가 옳다고 생각하는 것이 누구에게나 옳다고 믿는 것, 이것이 천재성이다. 마음속에 있는 신념을 거침없이 말하라. 그러면 언젠가는 그것이 보편적인 생각으로 인정받을 것이다. 가장 안쪽에 있는 것도 때가 되면 가장 바깥쪽이 되기 때문이다.

처음 품었던 생각은 훗날, 최후의 심판을 알리는 나팔소리로 우리에게 되돌아올 것이다. 사람들은 지성인들의 말을 친숙하게 받아들이지만 우리가 모세, 플라톤, 밀턴 같은 현인들한테만 있었을 것이라고 여기는 최고의 장점은 그들이 책과 전통에 얽매이지 않고, 다른 사람들의 생각이 아니라 자신의 생각을 거리낌 없이 말했다는 점이다. 우리는 시인들과 현인들이 발하는 창공의 빛보다 자기 내면에서 비치는 빛줄기를 찾아내고, 그것을 바라보는 법을 익혀야 한다.

하지만 우리는 자신의 생각을, 그것이 단지 자기 생각이라는 이유로 자기도 모르게 묵살해버린다. 우리는 이른바 천재들의 모든 작품 속에 우리가 예전에 일축해버린 자신의 생각이 들어 있다는 사실을 깨닫게 된다. 내가 예전에 품었던 생각이 떨떠름한 권위의 옷을 입은 채 나에게 되돌아오는 셈이다.

위대한 예술 작품을 보아도 우리에게 이보다 더 큰 영향을 주는 교훈이 들어 있지는 않다. 이런 사례는 모든 사람들이 한 목소리로 반대의 말을 외치더라도, 우리는 자연발생적으로 떠오른 자신만의 느낌을 명랑하되 단호한 태도로 따라야 한다고 가르친다. 그러지 않으면 나중에 낯선 사람이 우리가 늘 생각했고 느꼈던 것을 거장이라도 된 듯한 태도로 지혜를 담아 설파하게 될 것이다. 그러면 우리는 창피하지만, 내 생각을 다른 사람들로부터 받아들일 수밖에 없는 처지에 놓인다.

모방은 자살 행위이자
무지의 소치다

　어떤 사람이든 배움의 길을 가다 보면 남을 부러워하는 것은 무지의 소치이며, 모방은 자살 행위이고, 좋든 나쁘든 자신에게 주어진 것을 제 몫으로 받아들여야 한다. 그리고 세상 천지에 아무리 좋은 것이 가득 차 있더라도 내 몫으로 경작하라고 주어진 한 줌의 땅에 나의 땀을 쏟지 않고서는 영양분 있는 옥수수한 알도 얻을 수 없다는 깨우침을 얻는 때가 반드시 오게 마련이다. 자신에게 내재된 힘은 본질적으로 새로운 것이며, 자신이 무엇을 할 수 있는지는 그 사람밖에 모른다. 그것도 해보지 않으면 모른다.

　하나의 얼굴, 하나의 성격, 하나의 사실이 그에게만 유독 그렇게 큰 인상을 남기고, 다른 사람에게는 안 그러는 데는 분명히 그럴 만한 이유가 있다. 우리의 기억에 새겨지는 이런 생각의 조각품이 이른바 예정조화(예정조화설: 모든 존재의 기본은 모나드라고 하고 이 모나드로 이루어진 세계는 신의 의지에 의해 미리 조화롭게 정해져 있다는 독일 철학자 라이프니츠의 이론)의 개념 없이 이루어지는 것은 아니다. 각자는 진리의 빛이 떨어지는 곳에 서 있으며, 그 빛이 진리임을 증언할 수도 있다.

나 자신의 생각을 믿는 것, 내가 옳다고 생각하는 것이 누구에게나 옳다고 믿는 것, 이것이 천재성이다.

마음속에 있는 신념을 거침없이 말하라. 그러면 언젠가는 그것이 보편적인 생각으로 인정받을 것이다.

가장 안쪽에 있는 것도 때가 되면 가장 바깥쪽이 되기 때문이다.

자신을 강하게 믿어라

자신을 믿어라. 사람들은 그런 강한 신념에 감동한다. 신의 섭리를 받아들이고, 당신이 동시대인들과 어울려 사는 사회를 받아들이고, 많은 사건들의 연관관계에 의해 당신이 놓인 자리를 받아들여라.

위대한 인간들은 항상 그렇게 살았다. 그들은 어린아이처럼 당대의 천재들에게 의지했다. 절대적으로 신뢰할 수 있는 것이 그들의 마음에 자리 잡고 있다는 인식을 드러내면서 자신의 손으로 노력하고, 모든 존재를 통해 자신의 모습을 드러냈다.

초월적인 운명을
받아들이자

이제 우리는 인간이다. 우리는 지극히 고상한 마음으로 이런 초월적인 운명을 받아들여야 한다. 안전한 구석에 숨어 있는 미성년자들, 허약한 자들, 혁명을 앞두고 달아나는 겁쟁이들이 아닌 길잡이들과 구세주들, 후원자들이 하나님의 뜻에 복종하고 혼돈과 어둠 속에서 전진한다.

성경 말씀과 아이들, 아기들, 심지어 짐승들의 얼굴과 행동을 통해 자연은 얼마나 아름다운 계시를 우리에게 주는가! 그 분열되고 반항적인 마음, 감정에 대한 그런 불신을 보라. 우리의 셈법은 우리의 목적에 반하는 힘과 수단들을 계산을 통해 밝혀냈으나, 이것들은 그러지 못했다. 그들의 마음은 온전하며, 그들의 눈은 아직 정복되지 않았다. 그들의 얼굴을 보면 우리는 당혹스러워진다.

내 본성 외에
신성한 법칙은 없다

내가 아주 어렸을 때 어떤 조언자가 해준 말이 생각난다. 그분은 케케묵은 종교 원리로 사람을 들들 볶는 습관이 있었다. "내가 철저하게 전통에 따라 살고 있다면, 전통의 신성함이 나와 무슨 관계가 있는가?" 그는 이렇게 대답했다. "하지만 이런 충동적인 생각은 저 하늘 위가 아니라 저 아래에서 나온 것일지도 모르네." 그의 말에 나는 이렇게 대답했다. "내가 생각하기에는 그런 것 같지 않아. 하지만 만약 내가 악마의 자식이라면 이제부터는 악마처럼 살겠지."

나의 본성 외에 나에게 신성한 법칙은 없다. '선'과 '악'은 매우 쉽게 이렇게 혹은 저렇게 바뀔 수 있는 이름에 지나지 않는다. 유일하게 옳은 것은 자신의 본성을 닮은 것이며, 유일하게 잘못된 것은 그에 반대되는 것이다.

타인의 갈채와 증오를
신경 쓰지 말라

갓난아기는 누구의 말도 듣지 않고, 모든 사람들이 갓난아 기에 맞춘다. 그래서 한 아기는 너댓 명의 어른을 자기에게 말을 걸고 놀아주게 만든다. 그래서 하나님은 젊은이들, 사춘기의 청 소년, 성인들에게 각각 특유의 짜릿한 맛과 매력으로 무장시켰 다. 그리고 그들을 선망의 대상으로, 품위 있는 존재로 만들고 그들의 주장이 스스로 부각되지 않아도 그것을 간과하지 못하 도록 했다.

아이들이 우리에게 직접 말을 못한다고 해서 그들에게 힘이 없다고 생각하지 말라. 잘 들어라! 옆방에서 아주 명확하고 단 호한 아이의 목소리가 들리지 않는가! 그 아이는 동시대인들에 게 어떻게 이야기해야 하는지 아는 것 같다. 아이는 수줍은 듯이 혹은 대담하게 우리 어른들을 매우 쓸모없는 존재로 만드는 방 법도 알 것이다.

때가 되면 밥 먹을 걸 알고, 자기를 달래려고 높으신 양반이 어떤 말이나 어떤 행동을 해도 무시해버리는 어린아이들의 태연한 태도는 인간의 본성을 나타내는 건전한 태도다. 아이는 극장의 오케스트라 석에 앉아 있는 것처럼 거실에 앉아 있다.

아이는 구석진 곳에서 독립적이고 무심한 눈으로 지나가는 사람들과 사건들이 벌어지는 모습을 지켜본다. 그러면서 '좋다.' '나쁘다.' '재미있다.' '바보 같다.' '유창하다.' '골치 아프다.' 등 아이들 특유의 신속하고 간략한 방식으로 그것들의 가치를 시험하고 평가한다. 아이는 결과나 이익의 획득 여부에 절대로 신경 쓰지 않는다. 아이는 모든 것에서 독립적이고 진실된 평가를 내린다. 당신은 아이에게 잘 보이려고 애써야 하지만, 아이는 당신에게 잘 보이려 하지 않는다.

하지만 인간은 말하자면, 자신의 의식에 의해 감옥에 갇힌다. 사람은 일단 말이나 행동으로 다른 사람의 갈채를 받으면, 그 순간부터 헌신적인 사람이 되어 동정심이나 사람들의 증오 같은 반응을 염두에 두고 사물을 대하게 된다. 그리고 당연히 많은 사람들의 애정 같은 것을 참작하기 마련이다. 이런 사람에게 이를 잊게 할 레테의 강(고대 그리스 신화에 나오는 망각의 강)은 없다.

인간이 되고 싶은 사람들은 반드시 순응을 거부하는 사람이 되어야 한다.

영원한 승리를 얻으려는 사람은 '선의'라는 포장에 현혹되지 말고,

그것이 정말 선의인지를 탐색해야 한다.

궁극적으로 우리의 진실된 마음 외에 신성한 것은 없다.

순응을 거부하는
사람이 되어야 한다

아, 다시 중립의 상태로 돌아갈 수만 있다면! 그렇게 모든 약속에서 자유롭고, 아무에게도 영향을 받지 않고 편견에 사로잡히지 않았으며, 매수되지 않고, 아무것도 두려워하지 않는 순수한 마음으로 사물을 주시했고, 지금 또 주시하는 사람은 언제나 무섭다! 그런 사람이 자기 앞에 펼쳐지는 모든 사건에 의견을 내놓으면, 그것은 사사로운 의견이 아니라 꼭 필요한 의견으로 여겨질 것이며 사람들의 귀에 화살처럼 꽂히고 그들을 두려움 속에 몰아넣을 것이다.

우리가 혼자 있을 때 듣는 소리가 바로 이것이다. 하지만 우리가 세상 속으로 들어가면 이 소리는 희미해지다가 나중엔 들리지 않게 된다. 세상에 존재하는 사회는 한결같이 모든 구성원들의 인간성을 억누르기 위한 음모를 꾸민다.

사회는 일종의 주식회사다. 여기에 속한 구성원들은 각 주주에게 배당된 빵을 더 안전하게 확보하는 대가로 빵이 필요한 자의 자유와 문화를 포기하기로 합의한다. 따라서 여기에서 가장 크게 요구되는 덕목은 순종하는 마음이며, 독립적 태도는 사회가 가장 싫어하는 덕목이다. 사회는 현실과 창조자들은 싫어하고, 이름과 관습을 좋아한다.

　인간이 되고 싶은 사람들은 반드시 순응을 거부하는 사람이 되어야 한다. 영원한 승리를 얻으려는 사람은 '선의'라는 포장에 현혹되지 말고, 그것이 정말 선의인지를 탐색해야 한다. 궁극적으로 우리의 진실된 마음 외에 신성한 것은 없다. 당신 자신에게 아무 죄도 짓지 않았노라고 선언하라. 그러면 세상이 여러분의 생각을 지지할 것이다.

가식적인 사랑보다
진실이 훨씬 아름답다

인간은 모든 사람이 다 자기를 반대해도 자신을 제외한 모든 사람과 모든 것이 허상이고 일시적인 것인 양, 자신의 신념을 밀고 나아가야 한다. 우리가 계급장, 명성, 큰 단체, 허울뿐인 기관 따위에 얼마나 쉽게 굴복하는지를 생각하면 부끄러워진다. 훌륭하고 말 잘하는 그 많은 사람들이 필요 이상으로 나에게 영향을 주고 나를 흔든다. 나는 똑바로 기운차게 나아가, 언제나 있는 그대로의 진리를 말해야 한다.

악의와 허영심이 자선의 허울을 뒤집어쓰고 있다고 해서 그것이 통할까? 만약 노예제도 폐지론의 훌륭한 명분에 광적으로 젖어 있는 사람이 바베이도스(카리브해에 있는 섬나라—옮긴이)의 최근 뉴스를 듣고 나에게 와서 떠들면, 나는 그 사람에게 이렇게 말할 것이다. "집에 가서 당신 아이들이나 사랑하시오. 당신의 나무꾼을 사랑하시오. 마음을 착하게 먹고 겸손하시오. 품위를 지키시오. 지독하고 몰인정한 야심을 절대로 천 마일쯤 멀리 있는 흑인들에 대한 거짓된 동정심으로 포장하지 마시오. 아득히 먼 곳에 아무리 사랑을 보내도 집에서는 앙심만 불러일으킬 것이오." 이렇게 손님을 맞는 것은 무례하고 품위 없는 태도일지 몰라도, 가식적인 사랑보다 진실이 훨씬 아름다운 법이다.

당신의 선한 마음에도
경계가 있다

　당신의 선한 마음에도 경계가 있다. 그렇지 않다면 그것은 선한 마음이 아니다. 사랑의 원리가 간헐적이나마 세상에 울려 퍼지면, 이에 대한 반작용으로 증오의 원리가 설교되게 마련이다. 천재적 영감이 떠오르면 나는 아버지와 어머니, 아내와 형제를 멀리한다. 나는 문득 떠오른 그 생각을 문설주의 가로대에 적을 것이다. 궁극적으로 그 일시적인 생각이 조금이라도 더 나은 것으로 발전하기를 바라지만 그것에 대해 종일 설명만 하고 있을 수는 없다.

　내가 사람들과 왜 어울리려고 하는지, 혹은 왜 어울리지 않으려고 하는지 알려주리라고 기대하지 말라. 다시 한 번 얘기하는데, 모든 가난한 사람들의 처지를 개선하는 것이 이 세상의 착한 사람으로서 내가 할 일이라고 말하지 말라. 그들이 내가 책임져야 할 가난한 자들인가?

어리석은 박애주의자들에게 말하고 싶다. 나는 그런 사람들에게 주는 지폐 한 장, 동전 한 닢도 아깝다. 그들은 나의 사람들이 아니며, 나도 그들의 사람이 아니기 때문이다.

오직 자신의
일을 하면 강해진다

이미 죽어버린 관례에 순응하기를 거부하는 것은 그것이 우리의 힘을 분산시키기 때문이다. 그것은 시간 낭비이며 우리 개성을 흐린다. 혼이 없는 교회에 계속 다니고, 혼이 없는 성서 공회(성서 보급을 목적으로 하는 선교 단체)에 헌금하고 정부에 찬성하든 반대하든 당파심으로만 투표하고, 못된 가정부처럼 밥상을 차리는 등 이런 모든 가리개가 처져 있으면 당신의 진짜 모습을 파악하기가 어렵다. 그리고 올바른 삶을 사는 데 필요한 큰 힘이 빠지게 된다.

자신의 일을 하라. 그러면 당신이 어떤 사람인지 알게 될 것이다. 자신의 일을 하라. 그러면 당신은 더욱 강해질 것이다. 우리는 이 순응의 게임이 어떤 종류의 술래잡기인지 잘 생각해봐야 한다.

속죄의 표시로 이루어지는
선행을 거부한다

    세상에는 나와의 강한 정신적 친밀감 때문에 나를 사고파는 부류의 사람들도 있다. 필요하다면 나는 그런 사람들을 위해서 기꺼이 감옥에라도 갈 것이다. 하지만 잡스럽고 인기 영합주의적인 자선단체, 바보들만 잔뜩 양성하는 대학들, 공허하지만 많은 사람들이 받들고 있다는 목적 때문에 지은 예배당들, 술주정뱅이들에게 주는 적선, 그 외에 수천 개의 구호 단체들을 위한 일이라면 나는 관심이 없다.

    부끄럽지만 나도 가끔 그들이 내세운 명분에 굴복해 돈을 낸 적이 있다는 걸 고백한다. 하지만 그것은 옳지 않은 돈이며, 나는 앞으로 그런 기부를 자제할 지성을 갖출 것이다.

    대중이 판단하는 선행이란 규칙이라기보다는 예외적인 미덕이다. 세상에는 사람과 그 사람의 선행이 있다. 사람은 약간의 용기를 발휘하고 자선을 베풂으로써 이른바 선행이라는 걸 하는데, 이것은 퍼레이드에 매일 참석하지 않는 대신 벌금을 내는 것과 비슷하다. 그런 행위는 이 세상에서 삶을 영위한다는 것에 대한 사과 또는 정상을 참작한 속죄의 표시를 뜻한다. 이것은 마치 환자들과 정신병자들이 밥값을 많이 내는 것과 같다.

그들의 미덕은 속죄다. 나는 속죄하고 싶은 게 아니라 살고 싶다. 내 인생은 그 자체를 위한 것이지, 무슨 굉장한 구경거리를 만들기 위한 것이 아니다. 나는 눈부시고 불안정한 인생보다 압박감이 적은 인생, 그래서 더 진실되고 감당할 수 있는 인생을 훨씬 더 바란다. 나는 건전하고 달콤한 인생을 원하며, 다이어트가 필요하거나 피를 흘려야 하는 인생은 원하지 않는다.

군중 속에서도
독자적으로 살자

나는 당신에게 당신이 인간이라는 1차적 증거를 요구하며,
자신의 행위에 동참하라는 당신의 호소는 거부하고 싶다. 훌륭
한 행위로 평가받는 그런 행위를 하든 안 하고 참든 나에게는
별 차이가 없다. 나는 천부적 권리로 보유하고 있는 특권에 대
해 대가를 치르라는 요구에는 동의할 수 없다. 나의 천부적 재
능이 적고 미천할지 몰라도 그것이 나의 실제 모습이며, 어떤 부
차적인 증거로 나 자신의 보증이나 동료 시민들의 보증이 필요
하지도 않다.

내가 해야 할 일은 나하고 관계되는 것들뿐이며, 나와 관계
가 있다고 다른 사람들이 생각하는 것이 아니다. 이런 규칙은
실생활과 지식인으로서의 삶에서 매우 지키기 힘들지만, 위대함
과 하찮은 존재의 차이점일 수도 있다.

이런 삶의 태도는 당신의 의무가 무엇인지를 당신보다 더 잘 안다고 생각하는 사람들이 항상 있기 때문에 더욱 어렵다. 세상 속에서 세상의 의견에 따라 살기는 쉽다. 또 고독하게 자신의 생각대로 살기도 쉽다. 하지만 위대한 인간은 군중 속에서도 참으로 우아하게 홀로, 독자적인 태도를 유지하는 사람이다.

한 의견 집단에 소속되어
순응하는 당신

당신이 속한 종파를 알면, 나는 당신이 어떤 주장을 펼칠지 안다. 예를 들어 어떤 전도사가 자기가 속한 교회 단체의 편의성을 설교 주제로 삼았다고 치자. 그가 자기의 마음에서 우러난 새로운 생각을 절대로 얘기하지 못한다는 걸 내가 모르리라 생각하는가? 그 단체의 존재 이유를 검증하라는 그 모든 요구에도 불구하고 그가 결코 그렇게 하지 않으리라는 걸 내가 모를 것 같은가? 그가 한 인간이 아니라 한 지역을 책임지고 있는 교구 목사로서 전체가 아니라 한 측면, 즉 자신에게 허락된 측면에서만 세상을 보기로 스스로 맹세했으리라는 걸 내가 모를 것 같은가? 그런 사람은 일종의 월급쟁이 변호사이며, 신도석의 분위기는 공허한 허상일 뿐이다.

자, 대부분의 사람들은 눈을 손수건으로 가린 채, 이런 의견 집단 중 하나에 소속되는 것에 만족한다. 이런 순응적인 태도는 그들을 일부 측면에서는 오류에 빠지지 않게 해주고, 약간의 거짓말을 하는 데 그치게 하겠지만, 전체적인 측면에서 보면 완전한 오류에 빠지게 만든다.

그들이 말하는 진실은 모두 진짜가 아니다. 그들이 말하는 둘은 진정한 둘이 아니며, 그들이 말하는 넷은 진정한 넷이 아니다. 그래서 그들의 말은 모두 우리를 당혹스럽게 하며, 어디서부터 손을 대야 그것을 바로잡을 수 있는지 우리는 모른다. 그러는 동안 자연은 조금도 지체하지 않고 우리에게 우리가 신봉하는 파벌의 죄수복을 입힌다. 결국 우리는 하나의 표정과 모습을 띠게 되며, 점차 매우 순하면서 어리석은 표정을 짓게 된다.

세상 속에서 세상의 의견에 따라 살기는 쉽다.

또 고독하게 자신의 생각대로 살기도 쉽다.

하지만 위대한 인간은 군중 속에서도 참으로 우아하게 홀로,

독자적인 태도를 유지하는 사람이다.

2장

자신만의
독창적인 관점으로
행동하자

억지웃음과
거짓 칭찬은 하지 말자

　살다보면 우리는 유난히 굴욕적인 경험을 할 때가 있는데, 이 것은 인간의 일반적인 역사에서도 빠지지 않는다. 그것은 이른 바 '어리석은 칭찬의 얼굴'이라는 것이다. 우리가 흔히 재미없는 대화를 할 때처럼 불편한 모임에서 짓는 억지웃음이 여기에 해당 된다. 이때 우리의 근육은 자발적으로 움직이는 게 아니라 어떤 의도에 따라 움직인다. 그래서 우리 얼굴의 윤곽은 감정이 잔뜩 배어 있는 기분 때문에 경직될 수밖에 없다.

대중의 불만과 분노에
상처받지 말자

순응하지 않으면 세상은 불쾌한 표정으로 채찍을 휘두른다. 따라서 우리는 뚱한 표정을 봤을 때 그것을 어떻게 판단해야 하는지를 알아야 한다. 구경꾼들은 길거리에서도, 친구 집의 거실에서도 미심쩍은 듯이 당신을 곁눈질한다. 만약 이런 반감이 그 사람 자체에 대한 경멸심과 저항심에 뿌리를 둔 것이라면, 그는 슬픈 표정으로 집에 가는 게 나을 것이다.

하지만 대중의 뚱한 표정에는 가식적인 상냥한 표정처럼 특별한 이유가 없으며, 그저 바람이 부는 대로 또는 언론이 꼬드기는 대로 인상을 썼다 지웠다 하는 것이다. 대중의 불만은 의회와 대학의 불만보다 더 무섭다. 세상의 이치를 알고 의지가 굳은 사람은 교양인들의 분노를 감내하기가 쉽다.

그들은 상처를 매우 잘 받는 만큼 겁이 많기 때문에 분노도

점잖고 신중하게 드러낸다. 하지만 그들의 유약한 분노에 사람들의 노여움이 합쳐지면, 또 무식하고 가난한 사람들이 흥분하면, 또 사회 밑바닥에 놓여 있는 어리석은 계층이 으르렁거리며 불만을 터뜨리면 이것을 걱정하지 않아도 되는 사소한 사건인 양 능숙하게 처리하기 위해 관용의 태도와 신앙의 관습이 필요할 것이다.

바보 같은
일관성에서 탈출하라

우리가 자신감을 갖지 못하도록 방해하는 또 하나의 무서운 적은 바로 일관성이다. 이것은 우리가 과거에 했던 행동이나 말을 맹목적으로 숭배하는 마음 때문에 생긴다. 다른 사람들이 나를 볼 때 내가 과거에 했던 언행 이외에 나의 행동패턴을 판단할 만한 다른 자료가 없을뿐더러 우리는 남들을 실망시키는 것을 꺼리기 때문이다.

당신은 왜 자꾸 뒤를 돌아보는가? 왜 당신은 여기저기에서 자기가 과거에 한 말과 모순되는 언행을 하는 일이 없도록 하기 위해, 기억의 찌꺼기를 힘들게 끌고 다니며 조심해야 하는가? 당신의 말과 행동이 예전의 그것과 모순된다고 치자. 뭐 어떤가? 자신의 기억에만 의존하지 않고, 과거를 수천의 눈이 보고 있는 현재로 끌고 와 판단하는 것으로 새로운 날을 사는 게 지혜롭게 살 수 있는 철칙인 것 같다.

당신은 자신만의 철학에 빠져서 하나님에게도 개성이 있다는 걸 부정해왔다. 하지만 영혼의 진실된 움직임이 오면, 그것이 하나님에게 모양과 색깔을 부여하더라도 마음과 삶을 그것들에 넘겨줘라. 요셉이 매춘부에게 자기 코트를 주고 달아난 것처럼 당신도 자신만의 논리를 버려라.

바보 같은 일관성은 편협한 사람들의 망상이며 하찮은 정치인들과 철학자들, 종교인들만이 애지중지할 뿐이다. 위대한 사람은 일관성에 전혀 신경 쓰지 않는다. 그것은 마치 벽에 비친 자신의 그림자를 걱정하는 것과 같다.

지금 품고 있는 자신의 생각을 단호하게 말하라. 그리고 내일이 되면 내일 떠오른 생각을 또 단호하게 말하면 된다. 그것이 오늘 당신이 한 말과 모든 면에서 모순되더라도 괜찮다. "아,

그러면 남들이 틀림없이 당신을 오해할 텐데요." 하지만 남들이 오해한들 대수인가. 피타고라스도 오해를 받았으며, 소크라테스, 예수, 루터, 코페르니쿠스, 갈릴레오, 뉴턴 등 육신을 취해 이 세상에 나온 모든 순수하고 현명한 영혼들은 예외 없이 사람들에게 오해를 받았다. 위대한 것은 오해받게 되어 있다.

우리가 자신감을 갖지 못하도록 방해하는 또 하나의 무서운 적은 바로 일관성이다.
이것은 우리가 과거에 했던 행동이나 말을 맹목적으로 숭배하는 마음 때문에 생긴다.
다른 사람들이 나를 볼 때 내가 과거에 했던 언행 이외에 나의 행동패턴을 판단할 만한
다른 자료가 없을뿐더러 우리는 남들을 실망시키는 것을 꺼리기 때문이다.

나의 솔직한 생각을
매일 기록할 것이다

나는 자신의 본성을 거역할 수 있는 사람은 없다고 생각한다. 사람이 분출하는 모든 의지는 그의 존재의 법칙에 의해 둥글게 한 곳으로 모아진다. 이것은 안데스와 히말라야 산맥의 고르지 못한 지형이 둥그런 지구라는 큰 틀에서 보면 별것 아닌 것과 같은 이치다. 당신이 그 사람의 본성을 아무리 따져보고 시험해봐도 별 차이가 없다.

인격은 아크로스틱(보통 각 행의 첫 글자를 아래로 연결하면 특정한 어구가 되게 쓴 시나 글)이나 알렉산드리아식 스탠자(4행 이상의 각운이 있는 시구)와 비슷하다. 즉 똑바로 읽든, 거꾸로 읽든, 위에서 아래로 읽든 똑같은 글이다.

나는 하나님이 나에게 허락한 이 재미있는 나무인형에 내일을 예상하거나 과거를 회상하지 않으면서, 매일 나의 솔직한 생각을 기록할 것이다. 나는 그것을 의도하지도 않았고, 보지도 못하지만 그것은 대칭을 이룰 것이다.

나의 책에서는 솔 향기가 나고 벌레들이 윙윙거리는 소리가 들릴 것이다. 창문 위에 사는 제비는 부리에 물고 온 무명실이나 지푸라기를 짜서 나의 보금자리를 만들어줄 것이다.

독립적으로
진실되게 행동하라

사람은 인품으로 평가받는다. 성격은 의지보다 높은 곳에서 교훈을 준다. 인간은 겉으로 확연히 드러나는 행동에 의해서만 자신의 미덕을 남에게 알려줄 수 있다고 생각할 뿐, 자기 속에 있는 선 또는 악이 매 순간 숨을 뱉어 자신을 드러내는 것을 알지 못한다.

행동들이 아무리 다양하더라도 거기에는 일치되는 점이 있을 것이다. 그러니 우리가 취하는 행동 하나하나가 진실되고 자연스러워야 한다. 모든 행동들이 다르게 보이더라도 그것들은 하나의 의지에서 나온 것처럼 조화를 이룰 것이다. 이런 행동의 다양성은 조금 떨어져서 생각의 키만큼 위에서 내려다보면 구별되지 않는다. 하나의 경향이 그것들을 모두 통합하기 때문이다.

배의 제일 나은 항로는 좌우로 100번의 바람을 받아 지그재

그로 선을 그리며 나아가는 것이다. 하지만 조금만 떨어져서 보면 그 항로가 평균적으로 일직선이 되는 것을 볼 수 있을 것이다.

당신이 진실된 행동을 취하면 행동 자체가 모든 걸 설명해줄 것이며, 나아가 당신의 다른 진실된 행동도 설명해줄 것이다. 하지만 순종은 아무것도 설명해주지 못한다. 독립적으로 행동하라. 그러면 당신이 이미 독단적으로 취했던 것들이 이제 당신의 행동을 정당화할 것이다. 위대함은 미래가 알아본다.

언제나 겉모습은 개의치 말라

　만약 오늘 내가 남의 시선에 아랑곳하지 않고 단호한 태도를 취해 올바른 일을 할 수 있다면, 그것은 아마 나는 이제까지 지금의 나를 방어하기에 충분할 정도로 많이 올바른 일을 실천했던 덕분일 것이다. 앞으로 일이 어떻게 전개되든 지금 현재 올바른 일을 하라. 언제나 겉모습은 개의치 말라.

당신이 진실된 행동을 취하면 행동 자체가 모든 걸 설명해줄 것이며,

나아가 당신의 다른 진실된 행동도 설명해줄 것이다.

하지만 순종은 아무것도 설명해주지 못한다. 독립적으로 행동하라.

그러면 당신이 이미 독단적으로 취했던 것들이 이제 당신의 행동을 정당화할 것이다.

더는 고개를 숙이고
사과하지 말자

인품의 힘은 시간이 갈수록 쌓인다. 지난 과거의 모든 미덕이 인품 속에 건전성을 불어넣는다. 원로원과 전장을 호령하던 모든 영웅들의 위엄은 어디에서 오는가? 그것은 꼬리를 물고 이어지는 과거의 위대한 세월과 위대한 승리에서 온다. 그 인식은 발전하려 애쓰는 무대 위의 배우에게 일치된 빛을 비춰준다. 그 사람은 천사들의 에스코트를 받듯이 과거의 시중을 받는 셈이다. 그것이 채텀의 목소리에 천둥을 불어넣고, 워싱턴의 항구에 위엄을 주고, 아담스의 눈에 미국을 불어넣었다.

명예는 숭고하다. 앞으로 달라질 수 있는 게 아니기 때문이다. 이것은 항상 오래된 미덕이다. 우리가 오늘 그것을 숭배하는 이유는 그것이 오늘의 것이 아니기 때문이다. 우리가 명예를 사랑하고 경의를 표하는 것은 그것이 비록 젊은이에게서 보인다고 하더라도, 사랑과 경의를 옭아매는 덫이 아니라 오히려 그 자체가 독립적이며 스스로 탄생했기에 장구하고 순결한 혈통을 지녔기 때문이다.

나는 우리가 이미 순종, 일관성과 단절했기를 바란다. 남들의 말이 신문에 실리고, 나중에 터무니없는 말이 되어도 그냥 놔두자. 더는 고개를 숙이고 사과하지 말자. 위대한 사람이 우리 집에 식사를 하러 올 것이다. 나는 그 사람을 즐겁게 해주고 싶지 않다. 그 사람이 나를 즐겁게 해주고 싶어했으면 좋겠다.

초라한 자기만족을
꾸짖고 질책하자

나는 인간애를 적극적으로 옹호할 것이다. 나는 인간애를 다정한 가치로 만들 것이며, 또한 진실된 가치로 만들 것이다. 우리 시대에 퍼져 있는, 겉만 번지르르한 평범함과 초라한 자기만족을 꾸짖고 질책하자.

관습과 업계와 공직 사회를 향해 모든 역사의 결론이라고 할 수 있는 다음과 같은 사실을 알려주자. 인간이 어디에서 일을 하든 그 사람은 위대하고 책임감 있는 사상가면서 실행가이며, 진실된 인간은 다른 시대나 장소에 속해 있는 게 아니라 그 자신이 만물의 중심이라는 사실 말이다.

그 사람이 있는 곳에 자연이 있다. 그는 당신, 그리고 모든 사람과 모든 사건을 평가한다. 대개 사회 속에서 활동하는 사람은 반드시 다른 사물이나 다른 사람을 연상시키기 마련이다. 하지만 성격과 실체는 우리에게 그 어떤 다른 것도 연상시키지 않는다. 이것은 모든 창조가 이루어지는 장소만을 필요로 한다. 그 사람은 너무나 대단해서 주변의 모든 환경을 하찮은 존재로 만들어버린다.

모든 진실된 인간은 하나의 이상이자 하나의 나라이며, 하나의 시대다. 그가 자신의 세계를 온전히 설계하려면 무한한 공간과 사람들, 그리고 시간이 필요하다. 후손들은 꼬리를 물고 늘어선 손님들처럼 그의 발자취를 따라가는 것 같다. 카이사르라는 인간이 태어났고, 한참 후 우리에게는 로마 제국이 생겼다. 예수 그리스도가 태어났고, 수백만 명의 사람이 그의 천재적 가르침을 굳게 믿게 되었다. 그래서 그는 인간의 미덕과 가능성을 상징하는 존재로 혼동되고 있다.

찬양할지 말지는
내가 결정한다

제도는 한 인간이 남기는 긴 그림자다. 은둔자 안토니의 수도원제도, 루터의 종교개혁, 폭스의 퀘이커교, 웨슬리의 감리교, 클락슨의 노예제 폐지론도 마찬가지다. 밀턴은 스키피오(로마의 장군이자 정치가)를 '로마 시대의 절정'이라고 불렀다. 요컨대 모든 역사는 몇 안 되는 용감하고 열성적인 인물들의 일대기로 쉽게 요약된다.

그러니 인간이 자신의 가치를 알고 세상을 지배하도록 내버려둬라. 그가 자신을 위해 존재하는 이 세상에서 자선학교의 학생이나 잡놈 혹은 무단 침입자처럼 남을 엿보거나, 남의 물건을 훔치지 못하게 하라.

길거리를 돌아다니는 평범한 사람들은 기념비가 세워진 인물이나 대리석으로 조각된 영웅들이 풍기는 힘에 위축되어 자신의 존재 가치를 느끼지 못하고, 초라한 마음으로 그것들을 바라본다. 그에게 궁전, 동상 또는 비싼 책은 화려한 마차처럼 낯설고 자신의 접근을 막는 듯한 분위기를 풍기며 마치 "선생은 뭐하는 사람이요?"라고 묻는 것 같다.

그러나 그것들은 모두 그 사람의 것이다. 그에게 눈에 띄기를 갈망하면서, 그에게 어서 능력을 발휘해 자신을 소유하라고 탄원하는 것들이다. 그림은 나의 판단을 기다린다. 그것은 나에게 이래라저래라 명령할 수 없으며, 그것을 찬양할지 말지는 내가 결정한다.

술주정뱅이 같은
삶에서 깨어나자

주정뱅이에 관한 유명한 우화가 있다. 사람들은 길거리에 만취해 쓰러져 있는 그를 일으켜 공작의 집으로 데려갔다. 그리고 그를 씻기고 좋은 옷으로 갈아입힌 뒤 공작이 쓰는 침대에 눕혔다. 잠에서 깬 그는 주위 사람들이 굽신거리며 자기를 공작처럼 대접하자, 자기가 잠시 미쳤다가 제정신으로 돌아왔다고 확신했다.

이 우화를 사람들이 좋아하는 것은 이것이 이 세상에서 일종의 술주정뱅이 같은 삶을 살다가 이따금씩 정신을 차리고 이성의 힘을 발휘해, 마침내 자신이 진짜 왕자라는 걸 깨닫는 인간의 상태를 상징적으로 잘 묘사하고 있기 때문이다.

자신만의
독창적인 관점으로 행동하자

    우리가 읽는 책들은 우리에게 구걸하고 아첨할 뿐이다. 역사를 통틀어봐도 우리의 상상력은 우리를 속일 뿐이다. 왕국과 왕권, 권력과 토지는 작은 집에서 평범한 일을 하며 사는 존과 에드워드보다 화려하지만 촌스러운 어휘일 뿐이다. 하지만 인생사의 면면은 양쪽이 똑같으며, 각각의 총량도 양쪽이 똑같다. 그렇다면 사람들이 알프레드(옛 영국 웨섹스의 왕), 스칸데르베그(알바니아의 혁명 지도자), 구스타브 왕(스웨덴의 국력을 증강시켰던 국민적 영웅)에게 경의를 표하는 것은 무엇 때문인가?

    그들이 모두 고결한 인물들이었다고 가정해보자. 그들의 높은 덕망이 닳아 없어졌던가? 당신이 오늘 개인적으로 하는 행동에 당신의 이익이 달려 있는 것처럼 그들에 대한 대중의 존경심도 그런 식으로 따라온 것이다. 서민들이 독창적으로 행동한다면, 영광은 왕들의 행위에서 인간들의 행동으로 옮겨갈 것이다.

세상은 자고로 왕들의 가르침을 받아 발전했으며, 왕들은 백성들의 눈을 매혹시켰다. 사람과 사람 사이에 마땅히 상호 존경심이 있어야 한다는 사실은 이 거대한 상징이 가르쳐준 교훈이었다. 사람들이 이런 즐거운 충성심으로 도처에서 왕, 귀족 또는 대지주를 괴롭혔고, 사람과 사물을 판단하는 자신만의 잣대를 만들고, 세상의 평가를 뒤집었으며, 돈이 아니라 명예로 은혜를 갚았고, 자신만의 법칙을 드러냈다. 이 충성심은 이를테면 사람들이 옳고 적합한 것에 대한 자신들만의 의식을 막연하게 나타내는 상형문자 같은 것이었다.

인생의 근원으로
우리를 이끄는 질문

독창적인 행동이 발산하는 매력은 우리가 자신을 신뢰해야 하는 이유를 자문해보면 명백해진다. 신탁 관리자가 누구인가? 보편적인 의존의 뿌리 역할을 하는 '본래의 자아'는 무엇인가? 과학으로도 설명할 수 없는 저 별의 본질과 힘은 무엇인가? 시차도 없고, 헤아릴 요소도 없으며, 아주 조금이라도 독립의 표시가 보이면 사소하고 불순한 행위에도 아름다움의 빛을 발사하는 저 별의 정체는 무엇인가?

이런 질문은 천재성, 미덕, 그리고 인생의 근원으로 우리를 이끈다. 그것을 우리는 자발성 또는 본능이라고 부른다. 우리는 이런 원초적인 지혜를 직감이라고 표현하며, 나중에 얻은 모든 가르침은 교육이라고 부른다. 그 심오한 힘, 더이상 분석을 진행할 수 없는 마지막 사실 안에 모든 사물은 공통의 기원을 갖고 있다.

정확한 과정은 모르지만 우리의 영혼 속에서 고요한 시간에 떠오르는 존재의 느낌은 우주, 빛, 시간, 인간과 다르지 않으며 그것들과 하나다. 그리고 분명히 그것들의 삶과 존재가 시작된 곳과 똑같은 원천에서 시작된다.

우리는 처음에는 사물들의 존재를 가능하게 하는 '생명'을 사물들과 공유한다. 하지만 나중에 자연에서 나타나는 겉모습만을 보고 우리가 그것들과 근원을 공유한다는 사실을 잊는다. 행동과 사고의 원천이 여기에 있다. 인간에게 지혜를 주고, 불경스러운 마음과 무신론이 아니면 부정할 수 없는 그 영감의 원천도 여기에 있다.

우리는 광활한 지적 존재의 무릎에 놓여 있으며, 그것 덕분에 우리는 그것이 주는 진리의 수혜자가 되고, 그것의 행동을 대신

하는 도구가 된다. 우리가 정의와 진리를 깨닫는 것은 우리가 스스로 행동을 취했기 때문이 아니라 광명의 빛이 그것을 비추도록 허용했기 때문이다.

우리가 그 빛이 어디에서 오느냐고 묻는다면, 또 그 현상을 일으킨 영혼의 정체를 캐자고 덤벼들면, 우리가 배운 모든 철학이 다 잘못된 것이다. 그것의 현존 또는 부재가 우리가 단언할 수 있는 전부다.

나의 지각은 태양만큼
확실한 사실이다

모든 인간은 자기 마음에서 우러나오는 자발적 행위와 무의식적 지각의 차이를 구별할 줄 알며, 완벽한 신뢰는 무의식적 지각 때문에 생긴다는 것을 안다. 사람은 그런 지각을 표현하는 데 실수할 수 있다. 하지만 그런 지각은 낮과 밤처럼 명백해서 이의를 제기할 수 없다는 걸 잘 안다.

나의 의지에 따라 행해진 행동과 그로 인해 습득된 것은 한 곳에 정착하지 못한다. 나는 차라리 지극히 한가한 몽상과 아무리 희미하더라도 원초적인 감정에 호기심을 느끼고, 또 그것을 존중한다. 그런데 경솔한 사람들은 지각에 대한 진술을 의견에 대한 진술만큼 쉽게 부정한다. 훨씬 더 쉽게 부정한다. 왜냐하면 그런 사람들은 지각과 개념을 구별하지 못하기 때문이다. 그들은 자신이 이것 또는 저것을 보기로 '선택했다.'라고 착각한다.

하지만 지각(또는 인식)은 변덕스럽지 않으며 운명적이다. 내가 어떤 특성을 보았다면 다음에 내 아이들도 그것을 볼 것이다. 그리고 세월이 흐르면 모든 인류가 그것을 보게 될 것이다. 하지만 내가 태어나기 이전에 아무도 그것을 보지 못했다면 그것은 순전히 우연이라고 봐야 할 것이다. 나의 지각은 태양만큼 확실한 사실이기 때문이다.

3장

자신만의
인생을 사는
사람은 강하다

우리의 마음은
오직 현재에 산다

　신령에 대한 영혼의 관계는 너무나 순수해서, 둘 사이에 도움
이 되는 뭔가를 집어넣으려는 시도는 불경스럽다. 신은 말할 때,
반드시 한 가지가 아니라 모든 것을 통해 뜻을 전파한다. 이렇
게 온 세상을 자신의 목소리로 가득 채우고, 생각의 중심에서
나온 빛과 자연, 시간, 영혼을 사방에 뿌린다. 그러면 새로운 날
이 완전히 새로운 세상을 창조한다.

　우리의 마음은 단순해지고, 신의 지혜를 받아들일 때마다 과
거의 것들은 사라진다. 수단들, 선생들, 경전들, 사원들이 무너
진다. 우리의 마음은 현재에 산다. 그리고 과거와 미래를 현재의
시간 속으로 흡수한다. 모든 사물은 이것과의 관계로 인해 성
스러워진다. 모든 것이 똑같아진다.

아까 빛이 비쳤던 곳은
지금 밤이다

세상만사는 그것이 생겨난 대의명분에 따라 중심에 녹아들어가며, 보편적인 기적에 둘러싸여 사소하고 개별적인 기적들은 사라진다. 만약 어떤 사람이 하나님을 잘 알고 하나님에 대해 이야기한다며 당신을 다른 나라, 즉 약간 오래되고 부패한 나라의 말투를 쓰는 곳으로 데려가려 한다면, 절대로 그를 믿지 말라.

도토리가 풍성하게 자란 떡갈나무보다 나은가? 부모가 자신의 농익은 경험을 자식에게 전수해주었다고 해서 자식보다 나은가? 그렇다면 이렇게 과거를 숭배하는 전통은 어디에서 시작되었는가? 세월은 영혼에 담긴 온전한 정신과 권위를 파괴하려는 공모자다.

시간과 우주는 눈이 만들어내는 생리학적 특징에 불과하지만 영혼은 빛이다. 빛이 지금 비치는 곳은 낮이고, 빛이 비쳤던 곳은 밤이다. 그리고 역사가 유쾌한 교훈담이나 나의 현재와 미래에 대한 우화 이상의 것이 되려 한다면, 그것은 부적절하고 허물이 많은 시도일 것이다.

현재에 살지 못하면
행복할 수 없다

인간은 소심하고 미안해한다. 그는 더이상 꼿꼿이 서 있지 못한다. 그는 감히 "나는 이렇게 생각한다." "나는 이러저러하다." 라는 말을 하지 못하며, 고작 성인이나 현자들의 말을 인용할 뿐이다. 그는 풀잎이나 바람에 흔들리는 장미 앞에서도 부끄러워한다.

그러나 내 창문 밑에 놓인 장미들은 예전에 피었던 장미들이나 더 아름다운 장미들을 언급하지 않는다. 그것들은 지금 보여지는 모습 그대로의 장미일 뿐이다. 그들은 신과 함께 오늘 존재하고 있다. 이것들에게 시간은 의미가 없다. 단지 이곳에 장미들이 있을 뿐이다.

장미가 존재하는 매 순간, 장미는 완벽하다. 장미의 일생은 잎눈이 발아하기 전부터 시작된다. 장미가 활짝 핀 다음에 더 많

은 삶이 남아 있는 것도 아니며, 잎이 없는 뿌리 상태에서 삶이
더 적은 것도 아니다. 어느 순간에나 한결같이 장미의 본성은 충
족되며, 장미 역시 자연을 충족시킨다. 모든 순간이 똑같다.

　하지만 인간은 미루거나 기억하고 현재에 살지 못한다. 회상
의 눈으로 과거를 한탄한다. 또는 자신을 둘러싼 풍요로움에
는 무관심한 채 까치발로 서서 미래를 내다보려 안간힘을 쓴다.
그는 시간을 초월해 현재 속에서 자연과 더불어 살 수 있을 때
까지 행복하고 강해질 수 없다.

장미가 존재하는 매 순간, 장미는 완벽하다. 장미의 일생은 잎눈이 발아하기 전부터 시작된다.

장미가 활짝 핀 다음에 더 많은 삶이 남아 있는 것도 아니며,

잎이 없는 뿌리 상태에서 삶이 더 적은 것도 아니다.

어느 순간에나 한결같이 장미의 본성은 충족되며, 장미 역시 자연을 충족시킨다.

진실되게 살면
진실되게 볼 것이다

하나님이 다윗이나 예레미아 또는 바오로가 아닌, 내가 아는 어법으로 이야기하지 않는 한, 쟁쟁한 지성인들도 용기를 내어 하나님의 목소리를 직접 들으려 하지 않는다. 소수의 경전, 소수의 삶에만 큰 가치를 부여해서는 안 된다.

우리는 할머니나 선생님들이 가르쳐준 문장, 그리고 크면서 우연히 만나게 되는 재능과 인품이 뛰어난 사람들이 가르쳐준 문장을 기계적으로 반복하는 아이들과 비슷하다. 아이들은 그들이 했던 말을 고생하면서 기억해낸다. 그리고 나중에 실제로 그런 말을 했던 당사자가 당시에 갖고 있던 관점을 터득하게 되면 비로소 그 말을 이해하고, 그 말을 놓아버릴 수 있게 되는 것이다. 언제든 상황이 되면 그 말을 잘 사용할 수 있게 되었기 때문이다.

우리가 진실되게 살면 진실되게 볼 것이다. 이것은 "강한 사람은 강하고, 약한 사람은 약하다."라는 말처럼 쉬운 말이다. 우리는 새로운 것을 인식하면, 그동안 무슨 보석이라도 되는 양 잔뜩 쌓아놓은 오래된 쓰레기 같은 기억들을 기쁜 마음으로 내다버릴 것이다. 신과 더불어 살 때, 인간의 목소리는 시냇물이 졸졸 흐르는 소리와 옥수수나무의 바스락거리는 소리처럼 감미로워진다.

자신만의 인생을 사는
사람은 강하다

자, 드디어 가장 고상한 진리를 이야기할 때가 된 것 같다. 아마도 말로 설명할 수는 없을 것이다. 우리의 모든 말은 직관하고는 아주 동떨어진 기억이기 때문이다. 내가 지금 그 진리를 말하려 할 때 떠오르는 생각은 바로 이것이다.

선(善)이 당신 옆에 있을 때, 당신이 자신만의 인생을 살 때, 그것은 기존의 방식이나 익숙한 방식의 삶 때문에 그렇게 된 것이 아니다. 당신은 어떤 다른 사람의 발자국도 알아차리지 못할 것이다. 당신은 그 사람의 얼굴을 보지 못할 것이다. 당신은 어떤 이름도 들어보지 못할 것이다. 삶의 방식, 생각, 선… 그 모든 것이 전적으로 낯설고 새로울 것이다.

또한 다른 이들의 본보기와 경험도 배제할 것이다. 당신은 인간에게서 방식을 빌어온다. 인간에게 방식을 가져다주는 것이 아니다. 존재했던 모든 사람들은 이미 잊혀진 대행인일 뿐이다. 두려움과 희망이 똑같이 그 밑에 있다.

희망에도 약간 힘든 시기가 있다. 상상의 시간에는 감사 또는 기쁨이라고 부를 수 있을 만한 것이 전혀 없다. 정열을 초월한 영혼은 동질성과 영원한 인과관계를 알아보며, 진리와 정당한 것이 스스로 존재한다는 것을 인식하고 모든 일이 잘 진행되고 있다는 것을 알면 스스로 평화를 찾는다.

광대한 자연, 대서양, 남해 그리고 시간, 해, 세기의 긴 간격 등은 전혀 중요하지 않다. 이것은 모든 지나간 삶의 밑바탕에 깔려 있었다고, 나는 생각하고 느낀다. 그것이 마치 나의 현재, 삶이라고 불리는 것, 또 죽음이라고 불리는 것의 토대가 되고 있는 것과 마찬가지다.

과거가 아닌
현재의 삶만이 도움이 된다

    과거가 아니라 현재의 삶만이 도움이 된다. 힘은 휴식을 취하는 순간, 멈춰 버린다. 힘은 과거에서 새로운 삶의 상태로 변화하는 순간, 목표를 향해 화살이 나아갈 때 존재한다. 세상은 이런 사실을 싫어한다. 영혼이 변한다는 사실을 싫어한다. 왜냐하면 그것이 과거를 영원히 격하시키고, 모든 부자들을 가난하게 만들며 모든 명성을 수치로 바꾸고, 성인들을 부랑아들과 혼동하게 만들고, 예수와 유다를 똑같이 옆으로 밀쳐놓기 때문이다. 그렇다면 우리는 왜 자기신뢰를 운운하는가?

    영혼이 존재한다면, 힘이 있을 것이라고 믿을 수 있다. 신뢰에 관해 논하는 것은 말하는 방법치고는 초라하고 형식적이다. 차라리 신뢰하는 사람에 대해 논하는 것이 낫다. 그래야 합당하고, 실제로도 그렇다.

나보다 더 복종심이 강한 사람은 손 하나 까닥하지 않고도 나를 지배한다. 나는 영혼의 중력에 의해 그 사람 주변을 돌아야 한다. 우리는 훌륭한 미덕에 대해 이야기할 때 미사여구를 동원하고 싶어한다. 우리는 그 미덕이 '최고의 목표'라는 사실을, 한 인간 또는 인간들의 집단은 원리 원칙에 대해 유연하든 쉽게 물들든 자연의 법칙에 따라 모든 도시들, 국가들, 왕들, 부자들, 시인들을 제압하고 지배해야 한다는 사실을 아직도 깨닫지 못하고 있다.

이것은 우리가 모든 주제에 대해서도 그렇듯이, 이 주제에 관해 논할 때 너무나 쉽게 도달하는, 궁극적인 진실이다. 즉 모든 것이 영원히 축복 받는 '하나'로 융합된다. 자기 존재는 '최고의 이상'을 나타내는 속성이며, 이것은 선을 평가하는 잣대가 된다. 그리고 자기 존재는 그 선함의 정도에 따라 많은 낮은 형태에

속한다. 실존하는 모든 사물들도 그 안에 포함된 미덕의 많고
적음에 따라 그런 식으로 분류된다.

지금 우리는 군중과 같다. 인간은 더이상 인간에 대한 경외심을 품고 있지 않으며,

천재성을 집에 놓아두고 자신 안의 바다와 소통하라고 충고하는 사람도 없다.

하지만 인간은 다른 인간들의 물 주전자에서 물 한 잔을 얻어먹기 위해 해외로 간다.

우리는 혼자 가야 한다.

나만의 단호한 주장과
완벽한 세계

이제 당신은 아버지, 어머니, 사촌, 이웃, 마을, 고양이와 개와 만족스러운 관계를 수립했는지 생각해보라. 이들 중 누군가가 당신을 호되게 나무랄 수 있는지 생각해보라. 하지만 나는 또 이런 반성의 기준을 무시하고 스스로 죄를 사할 수도 있다. 나에게는 나만의 단호한 주장과 완벽한 세계가 있다.

이것에 따르면 의무라고 불리는 임무들 중 상당수는 의무라는 이름을 붙일 수 없다. 하지만 내가 만약 모든 빚을 털어버릴 수 있다면, 대중의 규칙이라는 제약에서 벗어날 수 있을 것이다. 만약 이 규칙이 느슨할 것이라고 예상하는 사람이 있다면, 그 자에게 나중에 그 규칙이 강요하는 계명을 지키도록 하라.

군중에서 벗어나
혼자 가야 한다

나는 상업, 농업, 사냥, 고래잡이, 전쟁, 웅변, 개인적 존재감 등을 미덕이 실존한다는 사실, 그리고 그것의 순수한 행위를 보여주는 본보기로서 존중한다. 나는 자연계의 보존과 성장에 이와 똑같은 법칙이 적용되고 있다는 것을 안다. 힘은 본질적으로 정당성을 가늠하는 매우 중요한 측정 수단이다.

자연은 자신만의 왕국에 그대로 머물러 있어도 전혀 손해가 없다. 한 행성의 탄생과 성숙, 그것의 균형과 궤도, 강한 바람에 휘어진 나뭇가지가 다시 제자리로 오는 복원력, 모든 동물과 식물들을 생존하게 하는 핵심자원 등은 자급자족이 가능함을 보여주는 증거, 나아가 자기 의존적인 영혼이 존재한다는 증거다.

모든 것은 하나로 모아진다. 방황하지 말자. 이상을 품고 집에 앉아 있자. 신성한 사실을 간단하게 선언함으로써 폭도처럼 집에 쳐들어오는 인간들과 책들, 그리고 제도들에 감동을 주고 놀라게 하자. 하나님이 이 안에 들어와 있으니, 침입자들에게 신발을 벗으라고 명령하라. 우리의 단순함이 그들을 심판하게 하라. 그러면 우리만의 법칙에 순종하는 우리 태도는 우리가 타고난 풍요로움을 제외하고, 자연과 행운의 빈곤에 시달리고 있음을 보여줄 것이다.

그러나 지금 우리는 군중과 같다. 인간은 더이상 인간에 대한 경외심을 품고 있지 않으며, 천재성을 집에 놓아두고 자신 안의 바다와 소통하라고 충고하는 사람도 없다. 하지만 인간은 다른 인간들의 물 주전자에서 물 한 잔을 얻어먹기 위해 해외로 간다. 우리는 혼자 가야 한다.

혼란스러운 세상으로
들어가지 말라

나는 어떤 설교보다 예배가 시작되기 전의 조용한 교회를 좋아한다. 사람들은 각각의 성역에 둘러싸인 채 얼마나 고고하고 침착하고 순수해 보이는가! 그러니 항상 조용히 앉아 있자.

왜 우리는 친구, 아내 혹은 아버지나 아이의 잘못을 떠맡아야 하는가? 그들이 내 집 난로의 주변에 둘러앉아 있는 사람이기 때문인가? 아니면 사람들이 말하듯이 우리가 모두 같은 핏줄이기 때문인가? 모든 인간은 나와 똑같은 피를 갖고 있으며, 나 또한 모든 인간들과 똑같은 피를 갖고 있다. 그렇다고 그것 때문에 내가 그들의 심술이나 어리석음을 부끄러워하면서까지 떠맡을 생각은 없다.

당신의 고립은 물질적인 것이 아니라 정신적인 것이며, 그래서 실은 고상한 상태다. 때로는 온 세상이 아주 하찮은 일로 당신을 들들 볶기 위해 음모를 꾸미는 것처럼 생각될 것이다. 친구, 고객, 아이, 병, 두려운 결핍, 자선 등 이 모든 것이 당신의 벽장문을 일제히 두드리며 "빨리 나와, 우리한테 와."라고 말할 것이다.

하지만 당신은 지금의 상태를 유지해야 한다. 그들의 혼란스러운 세상으로 들어가지 말라. 힘 있는 사람들은 집요하게 나를 성가시게 하지만, 나는 약간의 호기심을 보여줄 뿐이다. 누구도 나의 행위를 통하지 않고서는 내 옆에 다가올 수 없다. "우리는 자기가 사랑하는 것을 갖는다. 하지만 욕망 때문에 결국은 그 사랑과 사별하게 된다."

사람들의 기대에
부응하지 말라

만약 우리가 복종과 신념이라는 존엄의 경지에 당장 오를 수 없다면, 적어도 유혹에는 저항하자. 전쟁 상태에 돌입하자. 그리고 토르(Thor: 천둥·전쟁·농업을 주관하는 북유럽 신화 속의 신)와 워든(Woden: 북유럽 신화의 오딘에 해당하는 신으로 지식·문화·군사를 맡아보는 신)을 일깨우고 우리 색슨 족의 가슴에 있는 용기와 지조를 일으켜라. 이것은 조용한 시대에 진리를 말해야 이루어진다.

거짓된 친절과 호의를 경계하라. 우리와 늘 대화하는 사람들, 속고 속이는 이 사람들의 기대에 더이상 부응하지 말라. 그들에게 말하라. "오, 아버지, 어머니, 아내여, 형제여, 친구여, 나는 지금까지 겉모습만 좇아 그대들과 살아왔다. 지금부터 나는 진리의 소유물이다."

지금부터 나는 영원한 법칙 이외에 그 어떤 법칙에도 순종하지 않는다는 것을 그대들에게 알리노라. 나는 가까운 가족 외에 어떠한 계약에도 구애받지 않을 것이다. 나는 나의 부모들을 봉양하고, 나의 가족을 부양하고, 하나뿐인 아내의 충실한 남편이 되기 위해 노력할 것이다. 다만 새롭고 전례 없는 방식으로 이런 관계들을 세워나갈 것이다.

나는 오직
나 자신이 되어야 한다

나는 당신이 내세우는 관습에 불복하며 상고하고자 한다. 나는 나 자신이 되어야 한다. 나는 더이상 당신을 위해 나 자신이나 당신을 파괴할 수 없다. 만약 당신이 나의 현재 모습 그대로 나를 사랑할 수 있다면 우리는 더 행복해질 것이다. 만약 당신이 그러지 못하더라도 나는 여전히 당신으로부터 그런 대접을 받을 자격을 갖추도록 노력할 것이다.

나는 내 취향이나 특별히 싫어하는 것을 숨기지 않을 것이다. 나는 심오한 것은 성스럽다고 믿기 때문에 나를 매우 기쁘게 하거나 내 마음이 향하는 것이 있으면, 무엇이든 해와 달 앞에서 열심히 실행할 것이다. 당신이 고결하게 살면 나는 당신을 사랑할 것이다. 당신이 그렇지 못하더라도, 나는 위선적인 관심으로 당신과 나 자신에게 모두 상처를 입히는 짓은 하지 않을 것이다.

내 본성이
명령하는 것을 사랑하라

만약 당신이 진실되지만 그 진실이 내가 믿는 진실과 다르다면, 당신은 당신을 이해하는 벗들 곁을 벗어나지 말라. 나는 나와 뜻이 맞는 벗들을 찾으면 되니까. 내가 이기적이어서가 아니라 겸손하고 진실된 마음으로 그렇게 하겠다는 뜻이다.

우리가 얼마나 오랫동안 거짓 속에서 살아왔든, 진리 속에서 살고자 하는 마음은 여러분이나 나, 그리고 모든 사람들이 똑같다. 지금 이 말이 너무 냉정하게 들리는가? 당신도 머지않아 나의 본성이 그렇듯이, 당신의 본성이 명령하는 것을 사랑하게 될 것이다. 그리고 만약 우리가 진리를 추구한다면, 진리는 우리에게 결국 '안심'을 안겨줄 것이다.

이 과정에서 당신은 친구들에게 고통을 줄 수도 있다. 하지만 그들의 감정을 해치지 않는답시고 내 자유와 힘을 팔 수는 없다. 게다가 모든 사람들에게는 절대적 진리의 영역을 탐구하는 이성의 순간들이 있다. 그러면 그들은 비로소 나의 행동을 수긍하고 나와 똑같은 행동을 할 것이다.

대중은 당신이 대중적인 기준을 거부하는 것을 모든 기준을 거부하는 것으로 여길 것이고, 당신을 단순히 도덕무용론자로 치부할 것이다. 그리고 건방진 감각주의자들은 철학의 이름을 빌어 당신의 죄를 미화하려 애쓸 것이다. 그러나 여기에는 이른바 자각의 법칙이 작용한다.

고해성사에는 2가지 방법이 있다. 우리는 둘 중 하나의 방식으로 고해하고 속죄한다. 당신은 '직접적인' 방식 아니면 '반성하는' 방식으로 자신을 정화시킴으로써 당신 몫의 의무를 다할 수 있다.

만약 당신이 진실되지만 그 진실이 내가 믿는 진실과 다르다면,

당신은 당신을 이해하는 벗들 곁을 벗어나지 말라. 나는 나와 뜻이 맞는 벗들을 찾으면 되니까.

내가 이기적이어서가 아니라 겸손하고 진실된 마음으로 그렇게 하겠다는 뜻이다.

그는 자신에게
교리이자 법이다

인간의 일반적인 동기들을 팽개치고, 대담하게도 스스로 고
난의 일을 떠맡은 사람에게는 진실로 신 같은 자질이 요구된다.
마음은 고귀해야 하고, 의지는 충실해야 하며, 시각은 맑아야
한다. 그러면 그는 자신에게 교리이자 사회이고 법이다. 그에게
는 단순한 목적이 남들에게는 강철처럼 강한 철칙이 될 것이다.

누구라도 이른바 '사회'의 현 상황을 고려해보면 이런 윤리의
필요성을 인정할 수 있을 것이다. 우리 몸에서 힘줄과 심장을 꺼
낸 것처럼, 우리는 소심하고 낙담한 울보로 변하고 있다. 우리
는 진실을 두려워하고, 행운을 두려워하며, 죽음을 두려워한다.
그리고 서로 두려워한다.

우리 시대는 위대한 인물도 완벽한 인물도 배출하지 못하고
있다. 우리는 우리의 삶과 사회적 상태를 혁신해줄 남자와 여자

들을 원한다. 하지만 우리가 삶에서 마주치는 인간 부류는 대체로 파산자들이다. 그들은 자신들의 욕구를 만족시키지 못하고, 자신들의 실제적인 힘에 전혀 비례하지 않는 야망을 품고 있으며, 밤낮으로 끊임없이 남에게 의지하고 구걸하고 있다.

우리의 집안 살림은 탁발과 다름이 없다. 우리의 기술, 직업, 결혼, 종교는 우리가 선택한 것들이 아니다. 사회가 우리를 위해 선택해준 것들이다. 우리는 집에서만 활개치는 병사들이다. 우리는 진정한 힘이 탄생하는 곳, 즉 운명을 개척하는 거친 전쟁터를 회피한다.

자기식대로 자신만의
인생을 시작하자

　　요즘 우리의 젊은이들은 첫 번째 사업에서 실패하면 크게 낙
담한다. 젊은 상인이 실패하면 사람들은 그가 이제 "망했다."라
고 말한다. 만약 훌륭한 천재가 대학에서 공부한 뒤 1년 안에
보스턴이나 뉴욕에서 직장을 잡지 못하면 그의 친구들이나 심
지어 그 자신도 크게 낙담해 평생을 불평하면서 보내도 당연하
다고 생각하는 것 같다.

　　여기 뉴햄프셔나 버몬트 출신의 한 튼튼한 젊은이가 있다. 그
는 많은 직업들을 차례로 섭렵한다. 팀을 이루어 일해보고, 농사
도 지어보고, 행상도 해보고, 어업에도 종사해보고, 설교도 하
고, 신문을 편집하고, 의회에도 진출하고, 드넓은 땅을 사는 등
많은 일을 끊임없이 한다. 그는 높은 곳에서 떨어져도 항상 땅
에 사뿐히 내려앉는 고양이처럼, 언제나 도시에 사는 수백 명의
선남선녀와 맞먹는 가치가 있다.

그는 자기식대로 세월에 보조를 맞춰 걸으며, '한 직업을 연구하지 않은 것'을 전혀 부끄러워하지 않는다. 왜냐하면 그는 삶을 쓸데없이 미루지 않고, 이미 자신만의 인생을 시작했기 때문이다. 그에게는 하나의 기회가 아니라 100개의 기회가 있다. 스토아 철학자(금욕주의자)를 불러 인간이 갖고 있는 자산을 보여주고, 사람들에게 고하게 하라.

인간은 반드시
독립해야만 한다

　인간은 구부러지는 버드나무가 아니다. 인간은 스스로 독립할 수 있으며 또 독립해야만 한다. 자기신뢰를 실천하면 새로운 힘이 솟아날 것이다.

　인간은 육신의 형체를 띤 언어이며 나라들을 치료하기 위해 태어났다. 인간은 동정받는 걸 부끄러워해야 한다. 인간이 법과 책, 우상숭배물, 관습을 창문 밖으로 던지면서 자신의 의지대로 행동하는 순간, 우리는 그를 더이상 동정하지 않고 오히려 고마워하며 존경할 것이다. 그런 스승은 인간의 삶을 복원해 훌륭한 경지로 자신을 끌어올릴 것이며 자신의 이름을 역사에 길이 남길 것이다.

　자기신뢰가 커지면 모든 직무와 인간관계, 즉 그들의 종교, 교육, 직업, 그들이 사는 방식, 그들의 유대 관계, 재산, 사색적인 관점 등에서 혁명적 변화가 일어나리라는 사실을 누구나 쉽게 알 수 있다.

4장

우리가 섬기는
최고의 신은
용기다

우리가 섬기는
최고의 신은 용기다

　인간은 어떤 기도에 열중하고 있는가! 인간들이 신성한 과업이라고 부르는 이 행위는 용감하지도 않고 남자다운 행동도 아니다. 기도하는 사람들은 항상 바깥을 쳐다보며 어떤 이국적이고 첨가적인 요소가 어떤 이국적인 미덕을 통해 들어와 자연적인 것과 초자연적인 것, 타협적인 것과 기적적인 것들이 가득 찬 끊임없는 미로 속에서 길을 잃어버리기를 바랄 뿐이다.

　특정한 사물, 선(善)이 아닌 그 어떤 것을 갈구하는 기도는 사악하다. 기도는 가장 고귀한 관점에서 인생사를 놓고 깊이 사색하는 행위다. 그것은 자신이 세운 질서가 훌륭하게 작동되고 있음을 선언하는 하나님의 말씀이다. 하지만 사적인 목적을 달성하기 위한 수단으로 행하는 기도는 비열한 짓이며 도둑질이다.

　그것은 자연과 의식이 일치하지 않는다는 이원론을 전제로

하고 있다. 인간이 하나님과 하나가 되는 순간, 그는 구걸하지 않아도 될 것이다. 그는 이제 모든 행위에서 사람이 기도하는 모습을 보게 될 것이다. 밭에 무릎을 꿇고 앉아 잡초를 뽑는 농부, 배 안에서 무릎을 꿇고 앉아 노를 젓는 뱃사공의 모습에서 우리는 기도하는 형상을 볼 수 있다. 그들의 기도는 비록 하찮은 목적을 위한 것이지만, 그들의 진정한 기도 소리는 자연을 통해 들려온다.

플레처의 〈본두카〉에서 카라타크는 오데이트 신의 뜻을 물어보라는 강력한 재촉을 받고 이렇게 대답한다. "신의 숨겨진 뜻은 우리의 노력 여하에 달려 있다. 우리의 용기야말로 우리가 섬기는 최고의 신이다."

스스로 자신을 돕는 인간이 되자

또 다른 종류의 잘못된 기도는 후회다. 불만족은 자기신뢰의 결핍, 또는 의지 박약의 결과다. 후회함으로써 피해자들을 도울 수만 있다면, 재앙을 얼마든지 슬퍼하라. 그렇지 않다면 그 시간에 자신의 일에 충실하라. 그렇게 하면 이미 피해의 회복이 시작된 것이다.

우리의 동정심은 매우 천박하다. 우리는 바보처럼 흐느끼는 사람들한테 가서 그들에게 진실을 전하고, 정신적인 자극을 주고, 그들 마음속에 있는 이상과 다시 한 번 소통하도록 격려하는 대신, 그저 옆에 앉아 같이 울어 줄 뿐이다.

행운을 얻는 비결은 우리가 기쁨과 환희를 손에 넣느냐에 달려 있다. 신과 인간에게 언제나 환영받는 사람은 스스로 돕는 인간이다. 그에게는 모든 문들이 활짝 열려 있다. 모든 사람들은 그를 반갑게 맞이하고, 모든 영광이 그에게 왕관을 씌우고, 모든 눈들이 선망의 시선으로 그의 뒤를 좇을 것이다.

우리는 그에게 사랑의 손을 뻗고 그를 포옹한다. 그가 자신의 방식을 고수하고 우리의 반감을 꾸짖었기 때문에 우리는 걱정하는 마음으로, 미안해하는 마음으로 그를 어루만지고 찬양한다. 사람들이 그를 증오했기 때문에 신들은 그를 사랑한다.

행운을 얻는 비결은 우리가 기쁨과 환희를 손에 넣느냐에 달려 있다.

신과 인간에게 언제나 환영받는 사람은 스스로 돕는 인간이다.

그에게는 모든 문들이 활짝 열려 있다.

사람들이 고수하는 신조는 지성의 병이다

사람들의 기도가 의지에 생긴 병인 것처럼 사람들이 고수하려고 하는 신조도 지성에 병이 났다는 증거다. 그들은 멍청한 이스라엘 사람 같은 말투로 말한다. "하나님이 우리에게 말씀하시지 말게 하소서. 우리가 죽을까 하나이다. 당신이 우리에게 말씀하소서. 우리와 함께 있는 사람이 말씀하소서. 우리가 복종하리다(출애굽기 20장)."

어디에서나 나는 나의 형제들 안에 있는 하나님과의 만남을 방해받는다. 그는 자신의 사원 문을 닫았다. 오로지 자기 형제의 우화, 또는 그의 형제의 형제의 신에 대한 우화만을 암송하기 때문이다.

지식인이 새로이 탄생하면 언제나 새로운 부류가 생긴다. 만약 그 지식인이 예사롭지 않은 활동과 힘을 가진 사람으로 판명

나면, 즉 로크(영국의 철학자이자 정치학자), 라부아지에(근대 화학의 선구자인 프랑스의 화학자), 허튼(18세기에 활동한 영국의 지질학자), 벤담(영국의 철학자이자 법학자로 공리주의의 제창자), 푸리에(프랑스의 수학자이자 물리학자) 같은 천재가 나오면, 그것은 다른 사람들에게 새로운 분류 체계가 도입되었다는 뜻이다.

아하, 새로운 시스템이 탄생했도다! 그의 현실에 대한 만족은 그 생각의 깊이에 비례해 커지고, 아울러 그의 영향력과 제자들의 손이 미치는 곳에 있는 대상의 숫자에 비례해 커진다. 그러나 이것은 대체로 교리와 교회에서 뚜렷하게 드러나는데, 교회와 교리 역시 강한 영향력을 지닌 몇몇 지식인들의 계급에 속한다.

그들은 기본적인 의무감과 최고 신에 대한 인간의 관계에 입각해 행동한다. 칼빈주의, 퀘이커교의 교리, 스베덴보리주의(스웨덴의 철학자이자 자연과학자인 스베덴보리가 창시한 교리)가 그렇다. 추종자들은 신이 나서 세상만사를 이 새로운 용어에 대입한다. 마치 식물학을 갓 배운 소녀가 새로운 흙과 새로운 계절을 보며 기뻐하는 것과 같다.

추종자들은 스승의 마음을 연구함으로써 자신의 지적인 힘이 커졌다는 것을 알 텐데, 이런 현상은 한동안 계속된다. 그러나 마음이 균형을 잡고 있지 못하면 분류는 우상화되고, 금방 고갈될 수 있는 수단이 아니라 최종 목적으로 치부된다. 그래서 그들의 눈에 먼 수평선에서 보이는 그 시스템의 벽은 우주의 벽과 섞인다.

그들에게는 스승이 지은 아치문 위에 천국의 루미나리에(조명으로 건축물을 만들거나 치장하는 축제)가 걸려 있는 것처럼 보인다.

그들은 당신 같은 이방인들에게 어떻게 그것을 볼 권리가 있는지, 어떻게 당신이 볼 수 있는지를 상상도 하지 못한다. 그들은 "당신들이 우리에게서 그 빛을 훔쳐간 게 틀림없어."라고 말한다. 그들은 빛, 즉 체계적이지 못하고 무엇에도 굴복하지 않는 그 빛이 어떤 오두막, 심지어 자신들의 오두막에도 비집고 들어올 것이라는 사실을 아직도 인식하지 못하고 있다.

그들이 그것이 자기들 것이라고 마음대로 지껄이도록 내버려두자. 만약 그들이 정직하고 행실을 바르게 하면, 그들이 새로 지은 말쑥한 우리는 금방 너무 좁아지고 지붕도 낮아질 것이며, 금이 가고 기울고 썩어 없어질 것이다. 그리고 어리고 기쁨이 충만하고, 수많은 눈과 수많은 색깔로 이루어진 불멸의 빛이 천지창조의 첫날처럼 온 세계를 비출 것이다.

남을 모방하지 말고 자신의 생각을 고집하라.

당신이 평생 키워오고 축적시킨 힘으로 매 순간 자신의 타고난 재능을 발휘할 수 있다.

하지만 다른 사람에게서 빌어온 재능은 미봉책일 뿐이며,

당신은 그것을 기껏해야 절반만 소유할 수 있을 뿐이다.

영혼은
여행자가 아니다

　이탈리아, 잉글랜드, 이집트를 우상시하면서 여행을 미신처럼
떠받드는 풍조가 모든 미국 지식층의 마음을 사로잡고 있는데,
이것은 자기 문화의 결핍 때문이다. 그들은 상상 속에서 잉글랜
드, 이탈리아 또는 그리스를 공경의 대상으로 삼고 있다. 그런
데 이는 순전히 그들이 현재 있는 곳에 마치 지구의 축처럼 죽치
고 앉아 있음으로써 그렇게 한 것이다.

　우리는 인간답게 살 때, 지금 우리 집이 나의 의무를 다해야
하는 곳이라고 느낀다. 영혼은 여행자가 아니다. 지혜로운 사람
은 집에 머문다. 또 필요성과 의무 때문에, 혹은 어떤 일이 생겨
그가 집 밖으로 나와야 하거나 다른 나라로 가야 해도 여전히
집에 머문다. 타인 앞에서도 자신은 지혜와 미덕의 사절로 가는
것이며, 무단 침입자나 하인이 아니라 줏대 있는 사람으로서 도
시들을 방문하고 사람들을 만난다는 뜻을 표정으로 나타낸다.

여행에 대한
과도한 몰두는 위험하다

　　예술과 공부, 그리고 박애가 목적이라면 나는 세계를 일주하는 여행에 무작정 반대하지는 않는다. 다만 가정의 소중함을 알기 위해 또는 자기가 아는 것보다 조금 더 큰 세상을 보고 싶다는 이유로 외국에 함부로 나가지 말기를 바랄 뿐이다.

　　즐거움을 얻기 위해, 자신이 갖고 가지 못하는 것을 얻기 위해 여행하는 사람은 자기 자신과는 더욱 멀어지는 것이며, 몸은 젊어도 오래된 것 사이에서 늙게 된다. 테베(고대 그리스의 도시)와 팔미라(시리아 중부의 고대 도시)에서 그의 의지와 마음은 그곳의 유적지처럼 늙고 황폐해진다. 그는 단지 폐허에 폐허를 보태게 될 것이다.

　　여행은 바보의 천국이다. 우리가 어떤 곳에 처음으로 여행을 가면, 우리는 그 장소들의 무관심을 발견한다. 집에 있을 때 나는 나폴리나 로마에 가면 그곳의 아름다움에 도취될 것이고, '나의 슬픔이 잊혀지리라.' 하는 꿈을 꾼다.

나는 트렁크를 꾸리고 친구들과 작별의 포옹을 한 뒤, 배에 올라 바다로 나간다. 그리고 드디어 나폴리에 도착해 정신을 차리고 보니 내 옆에는 가혹한 현실, 슬픈 자아가 그대로 있다. 내가 그토록 벗어나고자 했던 것과 똑같은 현실이 가차없이 그대로 펼쳐져 있는 것이다.

나는 바티칸과 궁전들을 찾아다닌다. 나는 그곳의 경치와 그것이 연상시키는 이미지에 도취되기 위해 애를 쓴다. 하지만 나는 아무것에도 도취되지 않는다. 나의 무거운 현실과 슬픈 자아를 걸머진 거인이 내가 어디를 가든 내 뒤를 따라다닌다.

여행에 대한 과도한 몰두는 보다 깊은 내면에 존재하는 지적인 행위 전체에 영향을 끼치는 불건전한 씨앗이 싹트고 있다는 증거다. 지성인은 본질적으로 방랑자다. 우리의 교육 시스템은 그런 불안감을 더욱 조장한다. 우리 몸이 집에 가만히 있도록 강요받을 때 우리 마음은 멀리 돌아다닌다. 우리는 모방한다. 그런데 마음의 여행 외에 무슨 모방을 하는가?

남을 모방하지 말고
내 생각을 고집하라

우리들의 집은 외국의 취향으로 지어진다. 집의 선반은 외국에서 가져온 장식품들로 치장되어 있다. 우리의 의견, 취향, 능력은 '과거'와 '먼 곳'에 의존하고 따른다. 영혼은 예술이 번성했던 곳이라면 어디에서든 예술을 창조했다. 예술가가 추구하는 자신의 모델은 그 자신의 마음속에 있다.

예술은 자신의 생각을 만들어야 할 대상과 주시해야 할 상황에 적용하는 일이다. 그런데 왜 우리는 도리아 양식과 고딕 양식을 모방해야 하는가? 아름다움, 편리함, 웅대한 생각, 기발한 표현 등은 다른 것들만큼 우리와 가까운 곳에 있다. 그리고 만약 미국의 예술가가 희망과 사랑으로 기후, 흙, 낮의 길이, 사람들의 욕구, 정부의 관습과 형태 등을 고려해 자신이 해야 할 바로 그 일을 연구한다면, 그는 이 모든 요소들이 들어맞으면서도 사람들의 취향과 감정도 충족되는 그런 집을 지을 것이다.

남을 모방하지 말고 자신의 생각을 고집하라. 당신이 평생 키워오고 축적시킨 힘으로 매 순간 자신의 타고난 재능을 발휘할 수 있다. 하지만 다른 사람에게서 빌어온 재능은 미봉책일 뿐이며, 당신은 그것을 기껏해야 절반만 소유할 수 있을 뿐이다.

기계와 제도 때문에
잃어버린 것들

우리의 종교, 우리의 교육, 우리의 미술이 해외로 눈을 돌리고 있는 것처럼 우리 사회의 정신도 마찬가지다. 모든 사람들은 사회의 발전을 자랑하지만 어떤 인간도 발전하지 못한다.

사회는 결코 진보하지 못한다. 사회가 한쪽에서 이득을 얻으면 다른 쪽에서 반드시 뭔가가 그만큼 줄어든다. 사회는 끊임없이 변화를 겪는다. 야만적이었던 사회가 문명화되었고, 기독교화되었다가 현재는 점점 부유하고 과학적인 사회가 되고 있다. 하지만 이런 변화는 개선이 아니다. 얻는 것이 있으면 반드시 잃는 것이 있다.

사회가 새로운 기술을 얻으면 오래된 본능을 잃는다. 호주머니에 시계, 연필, 수표를 넣은 채 잘 차려입고 책읽기를 좋아하고, 글을 쓰고, 사색을 즐기는 미국인과, 재산이라고는 몽둥이와 창, 방바닥에 깔 거적, 그리고 몸을 누일 오두막의 1/20이 전부인 뉴질랜드 원주민을 비교하면 참으로 극명하게 대조된다.

하지만 두 사람의 건강을 비교해보라. 그러면 백인에게는 원시적 힘이 결여되어 있다는 것을 알 수 있을 것이다. 만약 여행객들의 말이 사실이라면, 날이 넓은 도끼로 그 미개인을 후려쳐도 하루나 이틀이 지나면 그의 육신은 다시 달라붙어 치유될 것이다. 하지만 백인을 똑같은 방법으로 강타하면 그는 곧장 무덤으로 들어갈 것이다.

문명인은 마차를 만들었지만, 대신 다리의 쓸모를 잃었다. 그 사람은 목발에 의지하고 있지만, 근육의 지탱하는 힘은 많이 상실했다. 그는 제네바에서 만든 정교한 시계를 갖고 있지만, 해를 보고 시간을 아는 기술은 없다. 그는 그리니치 항해력(航海曆)을 갖고 있어서 자기가 원할 때 확실한 정보를 얻을 수 있지만, 거리에 나서면 하늘의 별도 볼 줄 모른다. 그는 하지와 동지도 관찰하지 못하고, 춘분과 추분이 무엇인지도 잘 모른다. 즉 훌륭한 달력을 갖고 있지만, 거기에 숫자판이 없는 격이다.

　메모장이 그의 기억력을 쇠퇴시키고, 도서관이 그의 재치에 과부하를 주며, 보험회사들 때문에 사고 건수가 늘어난다. 그래서 기계가 우리 생활에 오히려 방해가 되고 있는 것은 아닌지, 우리가 세련되어진 대신 많은 에너지를 잃은 것은 아닌지, 제도와 형식에 깊이 뿌리박혀 있는 기독교 정신 때문에 순수한 미덕의 활력을 잃은 것은 아닌지 자문해볼 필요가 있다.

위대한 인간은
모두 독특하다

개개인이 가장 잘할 수 있는 일은 조물주 외에 그 누구도 가르쳐줄 수 없다. 그 사람이 그것을 드러내기 전까지는 누구도 그것이 무엇인지 아직 모르며, 알 수도 없다. 셰익스피어를 가르쳤을 거라는 스승이 어디 있는가? 벤자민 프랭클린, 워싱턴, 베이컨, 뉴턴을 지도했을 거라는 스승은 어디 있는가?

위대한 인간은 모두 독특하다. 스키피오(로마의 장군이자 정치가)가 주창한 스키피오론은 그가 누구에게서도 빌릴 수 없는 부분을 정확히 지칭한다. 제2의 셰익스피어는 셰익스피어를 연구한다고 해서 절대로 탄생되지 않는다.

사람들에게 아무것도 바라지 말라.

그러면 끊임없는 변화 속에서 유일하게 확고한 기둥은 당신 자신뿐이며,

그것이 곧 당신을 둘러싼 모든 것을 떠받치는 주춧돌처럼 보일 것이다.

내 심장이
말하는 것에 복종하라

자신에게 주어진 일을 하라. 그러면 너무 많은 것을 바라거나, 감히 너무 많은 것을 시도하는 일이 없을 것이다. 지금 이 순간 당신에게 필요한 것은 페이디아스(고대 그리스의 조각가)의 표현이나 이집트인들의 흙손, 또는 모세나 단테의 펜처럼 대담하고 웅장한, 그러나 이 모든 것들과는 다른 자신만의 표현 방식이다.

풍요롭고 말 잘하는 영혼이라도 천 개로 갈라진 혀로 구태여 같은 이야기를 되풀이하지는 않을 것이다. 하지만 만약 당신이 이런 원로들의 말을 들을 수 있다면, 분명히 당신은 같은 톤의 목소리로 그들에게 대답할 수 있을 것이다. 귀와 혀는 하나의 속성을 지닌 두 개의 기관이기 때문이다.

당신의 인생에서 단순하고 고귀한 영역에 머물고, 자신의 심장이 말하는 것에 복종하라. 그러면 당신은 지나간 세상을 재창조할 수 있을 것이다.

위대한 인물들은
당시엔 독자적이었다

높이나 양을 재는 기준에 있는 편차보다 도덕적 기준에 있는 편차가 더 크다고 할 수 없다. 마찬가지로 요즘 사람들이 과거보다 더 위대하다고 말할 수 없다. 초창기의 위대한 인간들과 현재의 위대한 인간들 사이에는 동등함이 뚜렷하게 관찰된다. 19세기의 모든 과학, 예술, 종교, 철학이 『플루타크 영웅전』에 나오는 2천 년 전의 영웅들보다 더 위대한 인간들을 길러내는 데 쓸모가 있다고 말하기 어렵다.

때가 되었다고 인류가 진보하는 것도 아니다. 소크라테스, 포키온(기원전 4세기경에 활약한 아테네의 정치가이자 장군), 아나크사고라스와 디오게네스(둘 다 고대 그리스의 철학자)는 위대한 인물들이었지만 이들은 계파를 남기지 않았다. 진정한 계파를 남길 만한 사람은 어떤 계파의 이름으로도 불리지 않고 독자적인 사람이 될 것이다. 그리고 자기 차례에 한 종파의 창시자가 될 것이다.

맨발의 용기를
믿었던 나폴레옹

각 시대의 예술과 발명은 그 시대를 보여주는 의복일 뿐이며, 사람들에게 힘을 주지는 못한다. 기계의 발달로 인한 피해는 이득을 상쇄시킬 수도 있다. 허드슨과 베링은 고기잡이 배를 갖고 당대의 과학과 기술 자원을 총동원하다시피 한 패리(19세기에 활동한 영국의 해군 군인이자 북극 탐험가)와 프랭클린(19세기 영국의 북극 탐험가)을 깜짝 놀라게 할 정도로 많은 업적을 이루었다. 갈릴레오는 오페라 글라스(관극용 작은 쌍안경)만으로도 그의 시대 이후 어떤 과학자보다도 찬란한 천체의 현상들을 더 많이 발견했다. 또한 콜럼버스는 갑판이 없는 배로 신세계를 발견했다.

수년 전 혹은 수 세기 전에 요란한 찬사를 받으며 등장했던 수단과 기계들이 주기적으로 용도 폐기되는 걸 보면 기분이 묘하다. 위대한 천재성은 지극히 중요한 사람에게 되돌아온다. 우리는 과학의 대성공 덕분에 전쟁 기술이 발전했다고 생각한다.

하지만 나폴레옹은 맨발의 용기에 의존하고 모든 지원을 마다한 채 숙영을 거듭한 끝에 유럽을 정복했다.

라스 카사스(스페인의 도미니크회 선교사이자 역사가)는 이렇게 전했다. "나폴레옹 황제는 '우리는 무기와 탄약, 취사장, 마차 등을 당장 폐지해야 한다. 로마 관습을 흉내내어 우리 병사들이 옥수수를 배급받아 손절구로 그것을 갈아 자기가 먹을 빵을 직접 구울 때까지, 우리 군을 완벽한 군대로 만들기는 불가능하다.'라고 생각했다."

재산에 대한 의존은
자기신뢰의 결핍이다

사회는 마치 파도와 같다. 파도는 끊임없이 이어지며 앞으로 나아가지만, 파도를 이루는 물은 그렇지 않다. 같은 입자가 계곡에서 산등성이 쪽으로 솟아오르지는 않는다. 그것이 하나로 보이는 것이 경이로울 뿐이다. 오늘날 한 국가를 이루고 있는 사람들은 내년이면 죽는다. 그들의 경험은 그들과 함께 없어진다.

따라서 재산에 대한 의존, 나아가 그것을 보호해주는 정부에 대한 의존은 자기신뢰의 결핍을 나타낸다. 사람들은 이제까지 자신을 외면하고 너무 멀리 있는 곳에만 시선을 두는 바람에 재산의 보호자로서 종교 기관, 교육 기관, 관청들을 떠받들게 되었다. 그리고 이런 기관들에 대한 공격을 그들은 비난한다. 그것을 재산에 대한 공격으로 생각하기 때문이다.

사람들은 상대방이 어떤 사람인가가 아니라 얼마나 많은 재산을 가졌는가에 따라 서로를 평가한다. 그러나 양식 있는 사람은 자신의 본성에 대해 새로이 존중심을 갖게 되면서 재산이 많은 걸 부끄럽게 생각하게 된다. 특히 그 재산이 우연히 취득되거나, 즉 유산으로 상속받았거나, 선물로 받았거나, 혹은 범죄 행위로 얻었다면 더욱 자기 재산을 혐오한다. 그러면 그는 이것을 재산이라고 보지 않는다. 그것은 자신의 소유가 아니고 자신에게 뿌리를 두고 있지 않으며, 순전히 혁명이나 강도가 그것을 채가지 않았기 때문에 거기 널려 있었던 것이라고 생각한다.

하지만 필요성이 있어서 취득했거나 본인의 노력으로 얻은 것은 살아 있는 재산이다. 그런 재산은 지배자들, 폭도들, 또는 혁명, 화재, 폭풍, 파산 등에 영향을 받지 않으며 당신이 숨 쉬는 곳이라면 어디에서든 새로워진다.

칼리프 알리(이슬람의 제4대 칼리프)는 이렇게 말했다. "당신의 몫, 또는 인생에서 당신에게 할당된 부분이 당신의 뒤를 쫓아올 것이다. 그러니 당신은 자신의 몫을 쫓아가느라 애쓰지 말고 그냥 있으면 된다."

4장 우리가 섬기는 최고의 신은 용기다 141

자신의 생각을
믿고 의지하라

　사람들에게 아무것도 바라지 말라. 그러면 끊임없는 변화 속에서 유일하게 확고한 기둥은 당신 자신뿐이며, 그것이 곧 당신을 둘러싼 모든 것을 떠받치는 주춧돌처럼 보일 것이다. 힘은 타고난다는 사실, 이제까지 자신의 밖에서, 즉 외부에서 선을 찾아왔기 때문에, 그래야 된다고 인식했기 때문에 자신이 약하다는 사실을 아는 사람은 전혀 망설임 없이 자신의 생각을 믿고 의지한다. 또한 즉각 마음을 바로 세우고, 똑바로 서며, 자신의 수족을 통제하며, 기적을 만들 것이다. 이것은 두 발로 서 있는 사람이 머리로 서 있는 사람보다 강한 것과 같은 이치다.

오직 나 자신만이
나에게 평화를 준다

  정치적 승리, 임대 수입의 증가, 병에서의 회복, 오랫동안 안 보였던 친구의 귀환, 기타 즐거운 일들이 생기면 당신은 기분이 좋아지고, 행복한 나날들이 당신을 기다리고 있다고 생각할 것이다. 그런 것을 믿지 말라. 자신 이외에 당신에게 평화를 줄 수 있는 것은 없다. 원칙의 승리 외에 당신에게 평화를 가져다줄 수 있는 것은 없다.

랄프 왈도 에머슨의 자기신뢰

초판 1쇄 발행 2015년 5월 11일
초판 5쇄 발행 2024년 2월 7일
지은이 랄프 왈도 에머슨 | **편역자** 마도경
펴낸곳 원앤원북스
펴낸이 오운영
경영총괄 박종명
편집 최윤정 · 김형욱 · 이광민 · 김슬기
디자인 윤지예 · 이영재
마케팅 문준영 · 이지은 · 박미애
디지털콘텐츠 안태정
등록번호 제2018-000058호(2018년 1월 23일)
주소 04091 서울시 마포구 토정로 222 한국출판콘텐츠센터 306호(신수동)
전화 (02)719-7735 | **팩스** (02)719-7736
이메일 onobooks2018@naver.com | **블로그** blog.naver.com/onobooks2018
값 13,000원
ISBN 978-89-6060-548-0 03100

이 도서의 국립중앙도서관 출판시도서목록(CIP)은 e-CIP홈페이지(http://www.nl.go.kr/ecip)에서 이용하실 수 있습니다.(CIP제어번호: CIP2015012310)

* 원앤원북스는 독자 여러분의 소중한 아이디어와 원고 투고를 기다리고 있습니다.
  원고가 있으신 분은 onobooks2018@naver.com으로 간단한 기획의도와 개요, 연락처를 보내주세요.